L'IMPOT

SUR LES

FRUITS A CIDRE & A POIRÉ

EN ILLE-ET-VILAINE

LETTRE

Adressée à M. LEROUX, Préfet d'Ille-et-Vilaine

PAR

LE VICOMTE DE LORGERIL

Député et Conseiller Général.

RENNES

IMPRIMERIE MARIE SIMON

rue Leperdit, 2 bis.

1892

L'IMPOT

SUR LES

FRUITS A CIDRE ET A POIRÉ

EN ILLE-ET-VILAINE

LETTRE ADRESSÉE A M. LEROUX,

Préfet d'Ille-et-Vilaine,

Par le vicomte DE LORGERIL, Député et Conseiller Général.

Rennes, le 27 août 1892.

MONSIEUR LE PRÉFET,

Après le vote unanime que le Conseil Général vient d'émettre dans sa séance du 25 août, il me semble qu'il n'y a plus aucun doute sur l'importance capitale que tous, sans exception, nous attachons au succès des protestations contre les droits dont sont menacées nos pommes et poires à cidre.

C.

En face de sentiments si nettement expri-
més, vous acceptez, Monsieur le Préfet, de
patronner vous-même à Paris notre campagne
tendant à écarter l'impôt nouveau. Nos compli-
ments à l'ouvrier de la onzième heure. De
plus, nous espérons fermement que notre
nouvel allié voudra bien lever avant son dé-
part l'interdit officiel dont il avait cru devoir
frapper cette même campagne, alors... qu'il
ne la dirigeait pas.

Les délibérations des Conseils Municipaux,
annulées, seront sans doute rétablies. Et
après les affiches blanches du 19 juillet, je
m'attends à lire demain celles qui recomman-
deront avec chaleur un pétitionnement pros-
crit naguère, mais aujourd'hui rentré en
grâce, par une conversion aussi subite qu'op-
portuniste de l'administration préfectorale.

Sans doute, Monsieur le Préfet, ces arrêtés
d'annulation, vous prétendiez les motiver
en alléguant l'irrégularité des délibérations
prises. Eh bien, discutons, si vous le voulez
bien, cette prétention.

D'abord, *en principe*, je suis de ceux qui
pensent qu'un représentant du pouvoir cen-
tral doit apporter la plus grande réserve dans
ses rapports avec les Conseils des communes;

il me paraît libéral et sagement décentralisateur de favoriser l'initiative des Conseils Municipaux au lieu de la comprimer.

Puis, *en fait*, dans le cas présent, je nie formellement que nos Conseils Municipaux, en délibérant sur la question des fruits à cidre et poiré, aient outrepassé leurs pouvoirs.

Pour annuler les délibérations municipales, M. le Préfet s'appuie sur les art. 61, 63, 65 et 72 de la loi municipale.

Que n'a-t-il lu jusqu'au bout certains des articles de la loi visés par son arrêté; il eût compris qu'en prenant les délibérations pourtant annulées, les Conseils Municipaux ne faisaient qu'user d'un droit que la loi leur accorde. Voir le paragraphe 4 de l'art. 61, ainsi conçu : « Il (le Conseil Municipal) émet des vœux sur tous les objets d'intérêt local. »

D'ailleurs, voici le texte d'une des délibérations annulées; elles doivent être, je me figure, toutes à peu près identiques, ayant été demandées aux maires par le Syndicat pomologique, qui avait pris soin de leur proposer la formule ci-après :

PÉTITION

Contre la création d'un impôt de consommation sur les fruits de pressoir.

MESSIEURS LES DÉPUTÉS,

« *Attendu que la production des pommes* est une des principales ressources des agriculteurs de...

Attendu que l'art. 6 du projet de la loi de finances présentée pour 1893 par le gouvernement porte une entrave considérable au commerce des fruits à pressoir, commerce très important pour les agriculteurs de cette commune ;

Attendu que ce même article porte atteinte aux facilités et au bon marché de l'alimentation des ouvriers ruraux de toute la *région cidricole* et de..... en particulier, parce que les ouvriers ruraux n'achètent que très exceptionnellement *au détail les cidres et poirés qu'ils boivent;*

Attendu que l'art. 23 peut apporter une entrave importante à l'approvisionnement et aux échanges des fermiers et des propriétaires entre eux dans les années de disette ou de production moins considérable des arbres à *fruits pour cidres,*

Le Conseil Municipal émet le vœu que la Chambre des Députés — tout en acceptant la suppression de l'exercice des débitants — évite avec soin de surcharger les agriculteurs de la commune et d'*entraver le commerce des marchands de pommes,* nombreux et importants dans le pays, en frappant les fruits à pressoir d'un droit général de consommation. »

Eh bien, Monsieur le Préfet, où est-il question de politique là-dedans ? Nulle part. Et de quoi s'occupe-t-on exclusivement ? Des fruits à pressoir, que l'on a même pris un soin particulier de déterminer presqu'à chaque ligne, afin qu'il n'y eût pas d'erreur et qu'il fût bien entendu que l'on ne s'occupait que des fruits à cidre et à poiré.

Dès lors, attendu que l'intérêt pomologique n'est point un intérêt général, mais exclusif pour certaines communes, nous rentrons strictement dans un vœu d'intérêt communal, c'est-à-dire *local*, prévu et admis par l'art. 61 de la loi organique de 84.

Maintenant, Monsieur le Préfet, non-seulement vous avez cherché à entraver la campagne contre l'impôt sur les pommes et poires en agissant sur les Conseils Municipaux, mais, de plus, vous vous y êtes opposé en paralysant l'action des Sociétés d'Agriculture

et des Syndicats qui organisaient le pétitionnement individuel.

A la date du 7 juillet, vous adressiez direc-
tement au département, aux maires, à la
presse, vous publiiez dans le Recueil des
Actes administratifs, faisiez imprimer sur pa-
pier blanc et afficher dans toutes les communes une circulaire où je relève une phrase
bien suggestive que voici :

« *L'agitation (à propos de la loi sur l'impôt des fruits à cidre) que l'on a essayé de
créer parmi les populations agricoles du département d'Ille-et-Vilaine est sans fondement.* »

Vous me permettrez de vous faire obser-
ver, Monsieur le Préfet, que cette alléga-
tion, quoique officielle, est quelque peu témé-
raire. Comment, un projet de loi paraît ;
la Commission du budget l'accepte en principe ; il passe par les mains de deux rap-
porteurs successifs qui le remanient, mais
sans donner aux producteurs de fruits à
cidre les modifications qu'ils réclament ; les
Syndicats, les Sociétés d'Agriculture s'en
émeuvent ; un groupe de plus de cent députés
se forme pour défendre les intérêts de leur
circonscription respective ; ils agitent l'opinion chacun dans sa sphère d'action, orga-
nisent partout où ils le peuvent ce fameux
pétitionnement qui n'a pas eu l'heur de vous

plaire ; et toute cette agitation d'hommes compétents, de personnalités d'une notoriété incontestée, aurait été faite d'après vous sans fondement... Presque tous les députés de l'Ouest et du Nord-Ouest, depuis la Somme jusqu'à la Loire, ont pris peur pour les intérêts du pays qui leur sont confiés, et tout cela était, d'après vous, de l'agitation dans le vide et sans fondement ?

Le danger était imaginaire? et cependant deux membres du gouvernement convenaient qu'il fallait avant tout laisser passer la session des Conseils Généraux avant le vote de la loi — pour être plus assurés de l'écarter; ils promettaient au président du groupe de la défense des intérêts pomologiques, mon collègue et ami Barbotin, — et à moi, son vice-président, — qu'ils nous aideraient à ajourner la discussion immédiate, et ils ont tenu parole.

Tout cela était donc une mystification ?

Monsieur le Préfet, je ne le crois pas; et l'opinion — notre juge souverain — en dépit des affiches blanches, ne le pensera pas davantage !

La vérité, c'est que le jour où les députés bretons et les normands ont remué l'opinion, il était grand temps d'agir.

Peut-être bien que le 19 juillet, lorsque vous avez publié votre circulaire, le danger le plus imminent était conjuré. Je le crois;

mais à qui le devait-on? A notre groupe, qui avait carrément entamé la campagne populaire.

Il est vrai que, le 7 juillet, M. le ministre des finances vous écrivait pour vous assurer qu'il allait « modifier ses propositions de façon à concilier les principes de la réforme mise à l'étude avec la situation éminemment respectable des producteurs de l'Ouest. »

Qu'est-ce que cela signifie? Est-ce l'abandon pur et simple du projet de taxe sur les pommes et poires à cidre? Alors pourquoi ne pas le dire tout simplement? Pour ma part, je crois effectivement que telle est bien l'intention de l'honorable M. Rouvier. Mais je ne puis mettre, comme vous, ma confiance absolue dans les promesses d'un ministre — parce qu'un ministre passe et ses promesses avec lui — tandis que les projets de loi funestes qu'il a élaborés restent menaçants et laissent le contribuable à la merci d'un vote du Parlement. Tout en professant donc pour M. le ministre des finances la considération à laquelle il a droit, ce qui me donne confiance, c'est moins ses promesses ministérielles que la campagne populaire que nous avons entreprise et qui se poursuit malgré les affiches blanches. Les pétitions arrivent; chaque courrier en apporte son contingent au Syndicat pomologique; on les compte par centaines de mille aujour-

·d'hui ; il en reste en ce moment une vingtaine de mille sur mon bureau qui attendent la rentrée des Chambres.

Et ce qui me rassure, c'est cette espèce de plébiscite des agriculteurs de la région d'entre la Somme et la Loire.

Mais, Monsieur le Préfet, si vos affiches, aussi blanches que renouvelées... du 16 mai, sont déjà un chef-d'œuvre..... de témérité administrative, il s'est rencontré parmi vos subordonnés un élève plus fort que le maître.

Je veux parler du sous-préfet de Fougères, qui m'est du reste, et je le regrette, personnellement tout à fait inconnu.

Vous avez pesé, jugé et condamné le pétitionnement des cultivateurs, *inquiets sans fondement*, disiez-vous alors ; vous avez tenté l'intimidation par voie d'affiches blanches contre l'exercice légal d'un droit octroyé par la Constitution. Eh bien ! votre sous-préfet de Fougères a été plus loin.

Faut-il remettre sous vos yeux la lettre qu'il adressait aux maires de son arrondissement ? Pourquoi pas ?

★★

RÉPUBLIQUE FRANÇAISE

SOUS-PRÉFECTURE

DE

FOUGÈRES

(Ille-et-Vilaine)

Fougères, le 8 juillet 1892.

MON CHER MAIRE,

Vous avez dû recevoir une circulaire relative à une pétition à adresser au député de l'arrondissement. Cette circulaire n'est pas autre chose qu'une manœuvre réactionnaire au moment des élections.

Aussi je vous prie de me la renvoyer sans provoquer *aucune* signature et de vous refuser à légaliser toutes celles qui vous seront présentées.

Croyez, mon cher Maire, à mes sentiments dévoués.

Le Sous-Préfet,

LEMAS.

A Monsieur le Maire...

La voilà cette lettre dont un sous-préfet à poigne de la bonne époque serait jaloux.

Car enfin, que fait-on, en Ille-et-Vilaine, sous votre administration, du droit imprescriptible de tout citoyen d'adresser ses doléances au Parlement et du droit des membres du Parlement d'accueillir les doléances des citoyens? On foule aux pieds cavalièrement ces droits primordiaux, en leur ôtant les moyens de s'exercer.

Pelletan — l'ancien Pelletan — sous l'Empire, réclamait pour la France la liberté comme en Autriche. Après vingt ans de République, nous réclamons — nous — pour les citoyens la faculté de manifester leurs sentiments — comme sous l'Empire qui n'a jamais affiché de tels abus d'autorité.

Décidément, j'ai bien fait de citer *in extenso* la lettre du sous-préfet de Fougères ; M le préfet Leroux devait ignorer ce document ; sinon, il l'eût désavoué, tant il est respectueux des droits des citoyens et de la dignité du Parlement.

On a parlé d'affaire électorale dans cette campagne entreprise par nous. En vérité, comment les passions et les rancunes politiques peuvent-elles aveugler à ce point ? Je ne puis comparer ces gens-là qu'aux amphytrions du *Festin ridicule* : « — Aimez-vous la muscade — ou la politique ? On en a mis partout. »

Est-ce pourtant notre faute si les Sociétés et les journaux républicains ont fait d'abord autour de nous, dans les départements bretons, la conspiration du silence ? Il est évident qu'une campagne est toujours qualifiée d'après ceux qui la mènent. Notre campagne est républicaine à Avranches avec notre collègue Riotteau; républicaine à Dinan, à Cherbourg, à Pont-Audemer, Yvetot, avec nos collègues Jacquemin, Cabart Danneville, Loriot et Lechevalier. Elle est simplement démocratique avec nous en Ille-et-Vilaine.

Pourquoi, Monsieur le Préfet, ne nous avez-vous pas fourni un fort contingent dès le début? alors personne n'eût songé à nous attribuer à nous exclusivement les mérites d'une entreprise où chacun avait le droit de servir et de défendre les intérêts de tous. Vous vous êtes aperçu de l'erreur commise, mais il était trop tard. Et plutôt que de reconnaître simplement votre erreur, vous avez préféré chercher à étouffer la voix d'adversaires politiques, quand le bien public vous commandait de vous allier à eux sur une question vitale pour l'agriculture de la région. Car, en vérité, il ne peut être inventé une loi plus inique, en même temps que plus écrasante, que celle que nous combattons.

Il m'est tombé sous la main, par hasard, un exemplaire d'une revue agricole qui passe, à tort ou à raison pour l'organe officiel de l'agriculture préfectorale du département. Cet organe presque introuvable m'a pour une fois bien édifié; car il est jusqu'à présent le seul défenseur de l'impôt sur les pommes et poires à cidre.

Au reste, voici ce qu'il dit à ce sujet :

« M. Aubréé ayant demandé des explica-
tions au sujet du nouvel impôt proposé sur
les pommes à cidre et ayant fait part de l'é-
moi qui en est résulté dans le monde agricole,
par suite des pétitions qui circulent contre ce
projet, nous devons dire aux cultivateurs
qu'ils n'ont pas à s'inquiéter des conséquences
de ce projet.

« Les promoteurs de ce pétitionnement ont
complètement dénaturé le sens du projet ou ne
l'ont pas compris. Il y a là aussi une manœuvre
électorale dont nous n'avons pas à nous occu-
per : qu'il nous suffise d'indiquer que ce
projet a pour but d'empêcher une fraude,
employée par certains commerçants en vins,
qui consiste à se faire expédier des vendanges venant des centres de production et
à les convertir chez eux en vins sans payer
les droits [1]. »

Que pensez-vous de ce petit morceau ?

Encore une fois, Monsieur le Préfet, j'aime
mieux croire qu'il a passé inaperçu sous vos
yeux avant le *bon à tirer*.

Je puis croire à votre ignorance d'une
question même prépondérante dans votre
département.

[1]. Société d'Agr., de Comm. et d'Industrie d'Ille-
et-Vilaine (galeries Méret), séance du 1er juillet.

Je ne me permettrai jamais de suspecter votre bonne foi si appréciée.

✛

Examinons donc succinctement le fameux projet de loi.

Prenons d'abord le texte du gouvernement :

Art. 4. — *L'exercice des débits de boissons est supprimé.*

J'applaudis à cette mesure; 208,380 débitants non encore rédimés vont respirer à l'aise, débarrassés d'une inquisition impopulaire digne d'un autre âge; mais de quel prix le projet du gouvernement fait-il payer cette émancipation?

La rançon de ces 200 et quelques mille débitants est fixée par le gouvernement, et pour la constituer on prélèvera la *dîme* sur les millions d'agriculteurs dont les fruits à pressoir constituent les meilleures ressources (0 fr. 40 c. par hectolitre de pommes valant au plus 4 fr. l'hectolitre).

Art. 5. — *Les droits de détail et de circulation sur les vins, cidres, poirés et hydromels sont remplacés...*

Quel bon billet! Oui, mais remplacés comment? Ces droits sont remplacés *par un droit général de consommation.*

Ah ! il n'y a pas ici à chercher midi à quatorze heures ; le français est une langue absolument claire et le texte est formel :

Vous remplacez un droit de *circulation* par un droit de *consommation*. Donc, si vous exonérez les vins, cidres et hydromels qui *voyagent*, vous frappez ceux qui se *consomment*. Ils sont tous pour la consommation, ils ne sont pas tous pour la circulation. Sous le fallacieux prétexte de dégager la *minorité* qui voyage, vous chargez la *totalité*, qui sert à l'alimentation du rural et du citadin, du millionnaire et du prolétaire.

ART. 6. — *Les droits de consommation sur les vins, cidres, poirés, etc..., sont fixés en principal et décimes conformément au tarif ci-après :*

Vins (par hectolitre en volume).... 2 *fr.*
Cidres, poirés et hydromels (par hectolitre en volume)............... 1 *fr.*

Notez que, jusqu'à présent, le droit de circulation n'était que de 0 fr. 80 cent. sur les cidres.

Le nouveau tarif frappe les cidres de *un quart en sus.*

Puis il y a à l'art. 6 ce dernier paragraphe :

Les vendanges fraîches et les fruits à cidre ou à poiré sont soumis au droit général de consommation à raison de 2 hectolitres de vin

pour 3 hectolitres de vendanges, et de 2 hec-
tolitres de cidre pour 5 hectolitres de pommes
ou de poires.

A 1 fr. l'hectolitre, 2 hectolitres de cidre pour 5 hectolitres de pommes ou poires, cela fait bien un droit de 2 fr. pour cette quantité, c'est-à-dire 0 fr. 40 par hectolitre de fruits, comme nous l'avons dit plus haut.

ART. 20. — *Les dispositions des lois et les pénalités actuellement en vigueur, relative-ment au droit de circulation, sont applicables au droit de consommation sur les vins, cidres, poirés et hydromels.*

Or, tout le monde connait les dispositions gênantes, vexatoires, insupportables, qui figurent à l'arsenal des droits réunis, ou contributions indirectes, dont les rats de cave de toutes dimensions et de tout pelage contrôleraient désormais, d'après le nouveau projet du gouvernement, les provisions des plus humbles ménages.

Car la loi de 1816 (art. 3.) *atténuait* ses rigueurs par des immunités. Les amendes rigoureuses, les visites domiciliaires restent dans le nouveau système de M. Rouvier. Les immunités seules disparaissent.

ART. 21. — *Tout propriétaire récoltant qui désire vendre en détail les vins, cidres et poirés provenant de sa récolte, est tenu d'en faire préalablement la déclaration au bu-*

reau de la régie et d'acquitter la licence de débitant.

Les quantités de boissons reconnues en sa possession sont passibles des taxes générales et locales sous la déduction de 3 °/₀ pour consommation de famille et sous remise des droits afférents aux quantités vendues en gros, en vertu d'expéditions régulières, ou restant entre les mains au moment du récolement qui précèdera la récolte suivante ou après cessation de vente.

O sainte Egalité du contribuable français ! En voilà un exercice et des plus rigoureux pour les uns, alors qu'on prétend fallacieusement en décharger les autres.

Mais aussi quelles portes ouvertes à la fraude, et par suite aux paperasseries, aux tracasseries, aux camaraderies des employés de l'administration.

ART. 22. — *Toute personne qui, en vue de la vente en gros ou détail, fabrique des vins, cidres ou poirés avec des produits ne provenant pas exclusivement de sa récolte, ou fabrique des hydromels, est tenue d'en faire préalablement la déclaration au bureau de la régie et d'acquitter la licence de marchand en gros ou de débitant.*

L'on frappe ainsi d'une licence tout cultivateur dont le pommage, insuffisamment sucré ou bien insuffisamment amer, nécessitera un mélange — avec les crûs voisins — pour peu que ce cultivateur soit amené à se défaire à la fin de la campagne d'un ou deux fûts de cidre qu'il aura fabriqués en plus de sa provision.

Non, parole d'honneur, on croit rêver en présence de projets de loi si parfaitement inapplicables aux populations rurales, qu'ils seraient appelés moins à régir qu'à torturer. Je gagerais volontiers, Monsieur le Préfet, que vous n'aviez jamais pesé les conséquences du projet de réforme de l'impôt des boissons quand vous avez prétendu le couvrir contre nos attaques.

Et en cela vous étiez, du reste, au même point que M. le ministre des finances, qui, lorsqu'il nous fit l'honneur de nous recevoir, ne mit aucune difficulté à reconnaître que son projet « *avait besoin d'être refondu en ce qui, du moins, concernait les pommes et poires à cidre, dont la récolte et le commerce lui étaient parfaitement étrangers!* » On n'est pas universel...

Mais par cela même qu'il reconnaissait les vices de son projet de loi, M. le ministre reconnaissait aussi le fondement de notre agitation contre cette loi.

Notre émotion, toutefois, produisit rapidement un effet quelconque sur la Commission du budget, comme elle avait agi séance tenante sur M. le ministre Rouvier.

La Commission du budget, en effet, en vint de suite aux concessions. Notre agitation, le début de notre campagne dataient à peine d'un mois, lorsque mon honorable collègue, M. Salis, publia, le 16 juin, son rapport sur le nouveau régime des boissons.

L'art. 6 fut maintenu, en ce qui concerne les fruits à cidre et à poiré; mais on y ajouta un paragraphe, le suivant :

« *Par exception, les vendanges et les fruits à cidre circulant du terroir au domicile du récoltant dans le canton et les communes li-mitrophes ne seront soumis à aucun droit ni à aucune formalité.* »

Ce simple paragraphe à lui seul modifie déjà profondément le sens de la loi.

Maintenant, ce n'est plus toutes les pommes destinées à la consommation de la famille qui vont être frappées. Pour peu qu'on les récolte autour de soi, celles-ci seront exemptes; on ne frappera que celles destinées à la vente et exportées dans un canton voisin. Appeler droit général de consommation un droit qui ne frappe que les fruits destinés au commerce, c'est-à-dire à voyager, c'est un terme désormais inexact; sous son faux nom et avec son faux nez, le droit de consommation représente absolument, en l'aggravant toutefois, le droit ancien de circulation que prétend abolir l'article 5 ; je dis aggraver, parce que l'on frappe de 1 fr. (ne l'oublions pas) ce qui ne payait antérieurement pas plus de 0 fr. 80 cent.

Et l'ancien art. 20, qui ne mentionnait que les pénalités actuellement en vigueur, on l'émulsionne à son tour, et l'on dit :

« *Les dispositions, les* immunités *et les pénalités actuellement en vigueur relativement au droit de circulation sont applicables au droit de consommation.* »

L'adjonction au texte du mot *immunités* a bien sa valeur, sans doute.

Eh bien, qui l'avait encore arraché ce mot sauveur ? Notre campagne de protestation.

Vous avouerez, Monsieur le Préfet, que cela faisait un début encourageant. Aussi, les gros yeux et les menaces ne nous ont-ils point intimidés. Sans plus tarder, le Syndicat pomologique est entré en ligne. La grande Société des Agriculteurs de France, *à notre instigation*, a commencé à s'agiter. Les Sociétés de province en ont fait autant. Tout ce remue-ménage est bien revenu aux oreilles du gouvernement, et le rapport de M. Burdeau a paru (25 juin). C'est une nouvelle étape, comme vous l'allez voir.

Dans l'intervalle du dépôt du projet ministériel au rapport Salis, nous avions gagné

l'immunité pour notre consommation person-
nelle ; dans l'intervalle qui sépare le rapport
Salis du rapport Burdeau, nous enregistrons
un gain nouveau que nous assure l'adjonction
du paragraphe suivant à l'ancien art. 6 :

« *Les vendanges fraîches et les fruits à
cidre et à poiré ne sont soumis au droit
général de consommation qu'au-delà de 25
hectolitres de vendange et 50 hectolitres de
pommes ou poires.* »

Mais là se borne le gain actuel de la campagne, et nous n'hésitons pas à le proclamer
insuffisant. Nous le disons et en fournissons
la preuve.

Par la concession qui nous est faite dans le
rapport Burdeau, « le droit de consommation, dit très justement M. René Lavollée [1],
ne sera sans doute pas applicable aux quantités inférieures à 50 hectolitres de fruits à
cidre ; mais on n'ignore pas que, dans le cas
fréquent (disons presque général) où ces
fruits sont expédiés à une certaine distance,
ils voyagent par chemin de fer (et aussi par
bateau dans notre département), et sont gé-
néralement groupés de manière à former le
chargement d'un wagon (ou d'un chaland

1. Rapport de René Lavollée, approuvé par la
section de législation des Agriculteurs de France le
18 juillet 1892.

d'assez fort tonnage) ; ils représentent alors une quantité totale bien supérieure à 50 hectolitres : ils seront donc, à ce moment, passibles du droit, et l'immunité accordée par la loi deviendra illusoire. »

Il n'y a donc pas à hésiter, il faut continuer la campagne, réclamer sans concessions le maintien de la franchise du commerce et du transport de nos fruits à cidre. L'agriculture est bien assez grevée avec les impôts anciens qui lui arrachent, au profit du fisc, 31 1/4 % de son revenu [1].

Je suis donc pour la continuation de la campagne si heureusement conduite jusqu'ici. Je dis que là seulement est le salut, et j'ajoute, si nous le voulons, là aussi est le succès, et le succès assuré.

Dans la campagne agricole pour le redressement des griefs de notre agriculture française, l'éminent président du Syndicat économique, Kergall, a formulé dès le début la théorie de la puissance de notre *démocratie rurale* avec la précision des termes et la netteté de la pensée qui le caractérisent :

1. Kergall et Bisseuil, *Démocratie Rurale*, 31 juillet 1892.

« Je n'admets pas, répétait-il sans cesse, que l'agriculture française attende longtemps les justes réformes qu'elle réclame des pouvoirs publics.

« Elle est le nombre; dans ce pays de suffrage universel, où le nombre donne la loi, il ne convient pas que 25 millions d'agriculteurs, sur 35 millions de Français, attendent humblement qu'il plaise au gouvernement de leur rendre justice. Ce n'est pas à genoux, en chemise et la corde au cou, comme des pénitents, qu'il convient à des citoyens libres de faire valoir leurs droits à l'égalité devant l'impôt. Il s'agit de parler clair et la tête haute. Et si les pouvoirs publics s'obstinent, le bulletin de vote est là tout prêt pour les contraindre à se soumettre ou à se démettre. »

Voilà un langage bien crâne et bien breton. A bon entendeur, salut.

Et maintenant, Monsieur le Préfet, j'ai fini.

Ces observations sont celles que m'a suggérées votre attitude si nouvelle et si heureusement imprévue dans le débat du 25 août.

Je me suis empressé de vous les adresser; je vous les offre avec l'expression de ma haute considération.

LORGERIL.

www.ingramcontent.com/pod-product-compliance
Ingram Content Group UK Ltd.
Pitfield, Milton Keynes, MK11 3LW, UK
UKHW021201230726
13926UKWH00001B/227